ALLTAGSKÜCHE

6 ZUTATEN 1 GERICHT

EINFACH KOCHEN MIT MAXIMAL 6 ZUTATEN

Impressum

Edition Michael Fischer GmbH
Donnersbergstr. 7
86859 Igling
www.emf-verlag.de

Rezepte: Rose Marie Donhauser (alle mit Ausnahme der folgenden); Gabriele Gugetzer (Seite 43, 85–89),

Rezeptfotos: Guido Schmelich, Holzkirchen (alle mit Ausnahme der folgenden); Sabrina Sue Daniels, Frankfurt am Main (Seite 26, 28, 30, 32, 34, 66, 68, 70, 82, 90); Claudia Timmann, Hamburg (Seite 43, 85–89)

Zutatenbilder: Guido Schmelich, Holzkirchen; Sabrina Sue Daniels, Frankfurt am Main; Claudia Timmann, Hamburg; außer: Seite 37 (Kaiskynet Studio, Shutterstock), Seite 51 (Nattika/Shutterstock.com)

Covergestaltung und Layout: Verena Raith

Satz: Max Bachmann

Lektorat: Karin Leonhart und Clemens Hoffmann

Gedruckt bei Polygraf Print, Čapajevova 44, 08001 Prešov, Slowakei

ALLTAGSKÜCHE

6 ZUTATEN 1 GERICHT

EINFACH KOCHEN MIT MAXIMAL 6 ZUTATEN

INHALT

GRUNDLAGEN

Alles so schön einfach

Grundsätzlich sind bei den Rezepten, wenn benötigt, Grundzutaten wie Salz und Pfeffer, über die jeder Haushalt verfügt, angegeben. Nun mögen Sie sich fragen, ob tatsächlich jedes Rezept mit nur 6 Zutaten, manchmal auch nur mit 4 oder 5 auskommen kann. Die Antwort ist Ja. Sie erhalten das Grundrezept, wie es sein und schmecken soll. Natürlich können Sie individuell die Rezepte mit Gewürzen ergänzen, kreativ bearbeiten oder nach jeweiligem Geschmack erweitern.

Ausstattung

Dazu gehört eine Grundausstattung für die Küche, die von verschiedenen Messern, Schüsseln, Töpfen, Pfannen zu Küchenutensilien wie Pfannenwender, Kochlöffel, Sparschäler und Schneebesen reicht. Auch ein elektrisches Handrührgerät, ein Stab- oder Standmixer und ein Haarsieb zum Passieren von Brühen oder Soßen erweisen sich als nützliche Helfer.

Andere Hilfsmittel wie Nudelholz, Ravioli-Ausstecher oder Backformen lassen sich meistens leicht ersetzen – eine Flasche, ein umgedrehtes Glas oder eine feuerfeste Schüssel tun's im Grunde genauso. Frei nach dem Motto „Der Zweck heiligt die Mittel" ist einfach (fast) alles erlaubt, was zum gewünschten Ergebnis führt.

Es werden also keine komplizierten Küchengeräte oder Küchenhandwerkzeuge gebraucht. Auch keine Fritteuse oder Mikrowelle. Einfach und effektiv ist das Credo.

Vorratshaltung

Die Zutaten auf den Fotos sind selbsterklärend und werden, je nach Rezept, eingekauft. An Vorrat sind für dieses Kochbuch an Gewürzen Salz und Pfeffer, integriert in einem gängig sortierten Gewürzregal, wichtig. In manchen Rezepten werden auch Paprikapulver, Kümmel und Muskatnuss benötigt. Oder ganze Pfefferkörner, Gewürznelken, getrocknete Kräuter wie Majoran und Oregano oder Lorbeerblätter. Diese werden stets mit bei den bis zu 6 Zutatenfotos angegeben.

Pflanzenöl

Als Basiszutat wird bei den Rezepten, sofern benötigt, Pflanzenöl angegeben. Damit ist geschmacklich neutrales und hoch erhitzbares pflanzliches Öl gemeint. Das kann Sonnenblumen-, Raps-, Weizenkeim- oder Distelöl sein. Steht bei einem Rezept explizit Olivenöl, so wird dieses entweder kalt für einen Salat oder für den entsprechenden Geschmack des Gerichts benötigt.

Backofentemperaturen

Die Temperaturangaben in diesem Kochbuch sind für das Garen mit Ober- und Unterhitze angegeben. Falls Ihr

Herd mit Heiß- oder Umluft arbeitet, so brauchen die angegebenen Temperaturen bei den Rezepten nur um 20 °C niedriger eingestellt werden.

Portionsangaben

Bei jedem Rezept sind die Zutaten für 4, manchmal für 2 Personen angegeben. Ausnahmen gibt es bei den Süßspeisen, wenn Formen gebraucht werden. Dies gilt auch für Getränke. Alle diese Ausnahmen sind bei den Rezepten vermerkt.

Einfach unkompliziert

Natürlich sind die kreativen innovativen Rezepte in diesem Kochbuch „nicht in Stein gemeißelt". Wer beispielsweise keine Topinambur mag, kann diese gegen Kartoffeln austauschen. Wem der Geschmack und Geruch von Bergkäse zu stark ist, kann auch auf einen neutralen Gouda-Käse zurückgreifen. Bei Rezepten, bei denen Wein verwendet wird, lässt sich dieser, je nach Gericht, mit einer anderen Flüssigkeit, wie Brühe oder Wasser, tauschen. Das ist vor allem wichtig, wenn Kinder mitessen. Auch ein Fleischgericht, wie z. B. das „Guinness®-Gulasch", schmeckt zwar durch das spezielle Bier super, aber kann genauso gegen ein anderes Bier ausgetauscht oder durch eine Brühe ersetzt werden. Manche Zutaten wie beispielsweise Pökelsalz, Merguez-Würstchen oder die Gewürzmischung "Café de Paris" können manchmal außerhalb von Großstädten nicht gleich auf Anhieb besorgt werden. Allerdings ist hier das Internet eine gute Möglichkeit, an diese Sachen heranzukommen. Wer keine Zeit hat, Teige, wie etwa Pizza- oder Nudelteig, selber herzustellen, greift einfach auf entsprechende Fertigprodukte zurück. Der Anspruch dieses Buchs besteht allerdings darin, zu zeigen, wie einfach und unkompliziert moderne, frische und kreative Küche geht. Und das natürlich mit neuen kulinarischen Ideen, die vor allem gut schmecken, aber auch Lust aufs Kochen machen.

VORSPEISEN

1 

2 

3 

4 

4 *Personen* | **40 MIN** *Zubereitung* | *Salz, Pfeffer*

PARMESANSUPPE
mit Crunch

200 g *Parmesan*
500 ml *Gemüsebrühe*
200 g *mehligkochende Kartoffeln*
etwas *frisches Basilikum, zerzupft*

Den Backofen auf 200 °C Ober-/Unterhitze vorheizen, Backblech mit Backpapier belegen.

Den **PARMESAN** auf einer Küchenreibe fein reiben. Aus je 50 g **PARMESAN** kleine Häufchen auf das Backblech streuen und leicht flach drücken, für etwa 10 Minuten im Ofen backen. Den restlichen **PARMESAN** beiseitestellen.

Die **GEMÜSEBRÜHE** zum Kochen bringen. Die **KARTOFFELN** schälen, klein schneiden und in der **BRÜHE** etwa 20 Minuten garen.

Dann den **PARMESAN** einrühren und die Suppe mit dem Stabmixer fein pürieren. Mit Salz und Pfeffer würzen. Die Parmesanplätzchen leicht zerbröseln, mit **BASILIKUMBLÄTTCHEN** auf die heiße Suppe geben und servieren.

1

2

3

4

5

6

4 *Personen* | **25 MIN** *Zubereitung* | *Salz, Pfeffer*

SPICE BOMB
in Gemüsebrühe

4 *Wirsingblätter*
200 g *Merguez-Würstchen*
750 ml *Gemüsefond oder Brühe*
1 *Möhre*
75 g *Sellerie*
8 Stängel *Estragon*

Die **WIRSINGBLÄTTER** für 1 Minute in siedend heißem Wasser garen. Herausnehmen, mit kaltem Wasser abschrecken, den Strunk flach schneiden und die Blätter mit einem Nudelholz plattieren.

Das Brät aus den **MERGUEZ-WÜRSTCHEN** drücken und auf dem **WIRSING** verteilen. Mit Salz und Pfeffer abschmecken und die Blätter mit Küchengarn zu Päckchen verschnüren.

Den **GEMÜSEFOND** in einem breiten Topf erhitzen und die Wirsingpäckchen bei milder Hitze darin gar ziehen lassen.

MÖHRE und **SELLERIE** schälen, in feine Streifen schneiden und mit dem **ESTRAGON** in der **BRÜHE** weitere 5 Minuten ziehen lassen.

Die Wirsingpäckchen in tiefe Teller geben und mit der Suppe aufgießen.

4 *Personen* | **20 MIN** *Zubereitung* | *Salz, Pfeffer*

Leichte FISCHSUPPE

1

2

3

4

5

6

600 ml *Fischfond*

1 kleines Bund *Zitronenthymian*

100 g *Brokkoliröschen*

200 g *Lachs*

200 g *Kabeljau*

8 *Riesengarnelen*

Den **FISCHFOND** mit dem **ZITRONENTHYMIAN** im Topf erwärmen. **BROKKOLIRÖSCHEN** hinzufügen.

LACHS und **KABELJAU** in Stücke schneiden und mit den **RIESENGARNELEN** in die Suppe geben. Alles bei milder Hitze etwa 10 Minuten ziehen lassen.

Den Bund **ZITRONENTHYMIAN** entfernen und die Suppe mit Salz und Pfeffer abschmecken.

BROKKOLI, FISCH und **GARNELEN** auf Teller verteilen und mit dem heißen **FOND** begießen.

Dazu schmeckt geröstetes Baguette.

1

2

3

4

5

6

4 *Personen* | **35 MIN** *Zubereitung* | *Salz, Pfeffer*

WIRSINGTOPF
mit Backpflaumen & Speck

½ *Wirsing (ca. 500 g)*
2 *Zwiebeln*
200 g *Räucherspeck*
1 l *kräftige Gemüsebrühe*
4 Stängel *Liebstöckel, zerzupft*
10 *Backpflaumen*

Den **WIRSING** putzen und in kleine Stücke schneiden. Die **ZWIEBELN** schälen und fein würfeln. Den **RÄUCHERSPECK** in größere Stücke schneiden und in einem Topf im eigenen Fett anbraten. Herausnehmen und beiseitestellen.

Im fett aus dem Topf die Zwiebelwürfel braten und dann mit **GEMÜSEBRÜHE** aufgießen. **WIRSING** und **LIEBSTÖCKEL** hinzufügen und alles etwa 15 Minuten garen lassen.

RÄUCHERSPECK und **BACKPFLAUMEN** hinzugeben und weitere 5 Minuten leise köcheln lassen. Mit Salz und Pfeffer abschmecken.

1

2

3

4

5

6

4 *Personen* | **50 MIN** *Zubereitung* | *Salz, Pfeffer, Essig*

Kerbelschaum mit KARTOFFELNEST & POCHIERTEM EI

1–2 *festkochende Kartoffeln*
200 ml *Pflanzenöl zum Braten*
4 *sehr frische Eier*
500 ml *Gemüsebrühe*
75 g *Kerbel, verlesen*
200 g *Crème fraîche*

Die **KARTOFFELN** schälen und mit einem Spiralschneider oder einem Messer in dünne Streifen schneiden.

Das **PFLANZENÖL** in einem kleinen Topf erhitzen. Aus den Kartoffelspiralen 4 Nester formen und nacheinander jeweils von beiden Seiten in 4 Minuten kross braten.

In einem zweiten Topf 2 l Wasser mit 3 EL Essig zum Sieden bringen. Im Wasser durch das Rühren mit dem Schneebesen einen Strudel erzeugen. Die **EIER** einzeln in eine Tasse schlagen und vorsichtig ins Wasser gleiten lassen, jeweils 6 Minuten pochieren.

Die **GEMÜSEBRÜHE** aufkochen, **KERBEL** und **CRÈME FRAÎCHE** hinzufügen, 1 Minute ziehen lassen und alles mit dem Stabmixer pürieren. Mit Salz und Pfeffer würzen.

Je 1 Kartoffelnest und 1 pochiertes **EI** auf einen tiefen Teller setzen und den Kerbelschaum angießen.

TIPP

Die Garnelen können auch in etwas Brühe auf dem Herd – oder im Backofen gegart werden.

1

2

3

4

5

6

4 *Personen* | **15 MIN** *Zubereitung* | *Salz, Pfeffer*

GARNELEN *mit Aioli*

4 *Knoblauchzehen*
3 *Eigelb*
250 g + 2 EL *Rapsöl*
1 *Zitrone*
5 Stängel *Petersilie*
500 g *Riesengarnelen, aufgetaut, geputzt*

Die **KNOBLAUCHZEHEN** schälen und durch eine Knoblauchpresse drücken. Zusammen mit den Eigelben ½ TL Salz und 1 Prise Pfeffer mit einem elektrischen Handrührgerät verrühren.

Nach und nach das **RAPSÖL** langsam unterrühren, sodass eine cremige Konsistenz entsteht. Die **ZITRONE** auspressen, unter die fertige Aioli rühren und diese kalt stellen. Die **PETERSILIE** fein hacken.

2 EL **RAPSÖL** in einer Pfanne erhitzen und darin die **GARNELEN** sanft garen. Mit Salz und Pfeffer würzen und die **PETERSILIE** einstreuen. Zusammen mit der Aioli zum Dippen servieren.

TIPP

Zusätzlich mit Essig-gurkenwürfelchen und Kräutern garnieren.

1

2

3

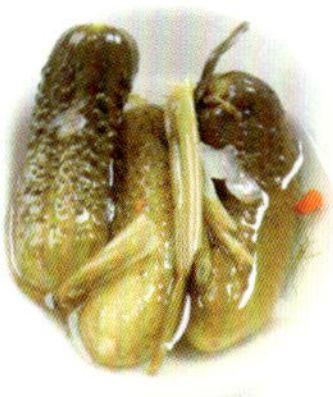

4

5

6

4 *Personen* | **10 MIN** *Zubereitung* **30 MIN** *Kühlen* | *Salz, Pfeffer*

RINDER-
tatar

400 g *Rinderfilet*
1 *Schalotte*
1 *Essiggurke*
1 *Eigelb*
1 TL *Dijon-Senf*
1 TL *Kapern*

Das **RINDERFILET** zuerst in lange dünne Scheiben und dann in dünne Streifen schneiden. Etwa 30 Minuten zum Anfrieren in das Tiefkühlfach geben und dann in sehr feine Würfel schneiden.

Inzwischen die **SCHALOTTE** schälen und fein würfeln. Ebenso die **ESSIGGURKE**.

EIGELB, SENF, SCHALOTTEN- und Gurkenwürfel sowie **KAPERN** mit dem fein geschnittenen Fleisch vermischen. Mit Salz und Pfeffer würzen und servieren.

1

2

3

4

5

6

4 *Personen* | **15 MIN** *Zubereitung* | *Salz, Pfeffer*

RÄUCHERFORELLEN-
Lachs-Tatar

250 g *Lachs*
125 g *geräuchertes Forellenfilet*
1 *Frühlingszwiebel*
4 Stängel *Koriander, zerzupft*
1 EL *Limettensaft*
2 EL *Olivenöl*

Den **LACHS** sowie das **FORELLENFILET** in sehr feine Stücke schneiden. Die **FRÜHLINGSZWIEBEL** putzen und fein würfeln. Den **KORIANDER** waschen und fein hacken.

Die Fischstücke mit **FRÜHLINGSZWIEBEL, KORIANDER, LIMETTENSAFT** und **OLIVENÖL** locker vermengen. Mit Salz und Pfeffer abschmecken und auf Löffeln oder in Gläschen servieren.

1

2

3

4

5

6

4 *Personen* | **30 MIN** *Zubereitung* | *Salz, Pfeffer, Pflanzenöl*

ARTISCHOCKEN

mit Dip

2 *große Artischocken*
½ *Zitrone (Saft)*
2 *Eier*
6 EL *Essig*
1 TL *Zucker*
1 kleines Bund *Schnittlauch*

Die **ARTISCHOCKEN** von den Stielen befreien und im kochenden Salzwasser mit **ZITRONENSAFT** etwa 20 Minuten garen.

Inzwischen die **EIER** in 10 Minuten hart kochen, kalt abschrecken, pellen und fein hacken.

Etwas Pflanzenöl, **ESSIG** und **ZUCKER** verrühren und **SCHNITTLAUCH** sowie die gehackten **EIER** untermischen. Mit Salz und Pfeffer abschmecken.

Die Artischockenblätter abzupfen, den unteren Teil eindippen und genießen. Vom Artischockenboden das Stroh entfernen und auch den Boden mit Dip essen.

1

2

3

4

2 *Förmchen (à 250 ml Inhalt)* | **25 MIN** *Zubereitung* | *Olivenöl, Salz, Pfeffer, Cayennepfeffer*

ÜBERBACKENE EIER
mit Tomaten

150 g *Cocktailtomaten*

½ kleines Bund *Basilikum*

1 *Schalotte*

4 *Eier*

Den Backofen auf 200 °C (Ober-/Unterhitze) vorheizen und zwei ofenfeste Förmchen mit Olivenöl auspinseln. Die **COCKTAILTOMATEN** waschen und vierteln.

Das **BASILIKUM** waschen, trocken schütteln und in Streifen schneiden. **SCHALOTTE** schälen und fein würfeln. Beides mit den **TOMATEN** mischen, mit Salz, Pfeffer und Cayennepfeffer würzen. Den Mix in die Förmchen geben.

Die **EIER** verquirlen, salzen und pfeffern und auf den Tomatenmix gießen. Die **EIER** im Backofen (mittlere Schiene) in etwa 15 Minuten stocken lassen.

VARIANTE

Die Cocktailtomaten durch eine Mischung aus klein gewürfelten grünen Tomaten, getrockneten Tomaten, Knoblauch, Zwiebel und Petersilie ersetzen.

TIPP

Dazu passt ein Omelett. Dafür 3 Eier mit Salz und Pfeffer schaumig aufschlagen. 1 TL Butter in einer beschichteten Pfanne erhitzen, Eier dazugießen, stocken lassen, nach Belieben überklappen.

1 

2 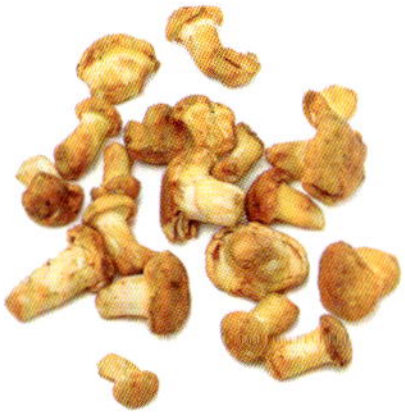

3 

4 

2 *Personen* | **20 MIN** *Zubereitung* | *Olivenöl, Salz, Pfeffer*

SPINATSALAT
mit Pfifferlingen

150 g *Babyspinat*
250 g *Pfifferlinge*
1 *Zwiebel*
2 EL *Weißweinessig*

Den **BABYSPINAT** verlesen, waschen und abtropfen lassen. Die **PFIFFERLINGE** putzen, trocken abreiben und je nach Größe halbieren. Die **ZWIEBEL** schälen und fein würfeln.

1 EL Olivenöl in einer beschichteten Pfanne erhitzen, die **ZWIEBEL** darin kurz andünsten. Die **PFIFFERLINGE** hinzufügen und braten, bis der Pilzsaft verdampft ist. Mit Salz und Pfeffer würzen.

Den **SPINAT** mit 3 EL Olivenöl und **WEISSWEINESSIG** vermengen, mit Salz und Pfeffer würzen. Den Salat mit den **PFIFFERLINGEN** auf Tellern anrichten.

TIPP

Dazu schmeckt ein knusprig gegrilltes Knob-lauchbaguette.

1 

2 

3 

4 

2 *Personen* | **15 MIN** *Zubereitung* | *Olivenöl, Salz, Pfeffer*

FELDSALAT
mit Räucherfisch

1 Schale *Feldsalat (ca. 125 g)*
200 g *geräucherte Forellenfilets (ohne Haut)*
½ *Granatapfel*
2 EL *Balsamicoessig*

Den **FELDSALAT** verlesen, putzen, waschen und abtropfen lassen. Die **FORELLENFILETS** schräg in schmale Stücke schneiden. Den **GRANATAPFEL** in dicke Scheiben schneiden und die Kerne über einer Schüssel aus den Scheiben herausbrechen.

Den **FELDSALAT** mit Granatapfelkernen und jeweils 2 EL Olivenöl und **ESSIG** vermengen. Mit Salz und Pfeffer würzen. Den Salat auf zwei Teller geben. Die **FORELLENFILETS** darauf anrichten.

1 

2 

3 

2 *Personen* | **20 MIN** *Zubereitung* | *Salz, Pfeffer, Currypulver, Cayennepfeffer, Pflanzenöl, Schaschlikspieße*

SATÉSPIESSE
mit Erdnusscreme

400 g *Hähnchenbrustfilets*
100 ml *Kokosmilch (Dose)*
3 EL *Erdnussbutter (crunchy oder fein)*

Das **FLEISCH** waschen, trocken tupfen und in lange, hauchdünne Streifen schneiden. Diese auf 8 Schaschlikspieße stecken, dabei jeden Fleischstreifen zwei- bis dreimal durchstechen. Mit Salz, Pfeffer und Currypulver würzen.

KOKOSMILCH mit **ERDNUSSBUTTER** in einem Topf verrühren, aufkochen und bei niedriger Hitze 3 Minuten köcheln lassen. Mit Salz, Pfeffer, Currypulver und Cayennepfeffer würzen.

2 EL Pflanzenöl in einer beschichteten Pfanne erhitzen, die Fleischspieße darin in einigen Minuten knusprig braten. Anrichten, mit Erdnusscreme überziehen oder die Creme zum Dippen extra reichen.

VARIANTE

Im Asialaden gibt es frische Zitronengrasstängel. Diese zum Aufspießen anstelle der Holzspieße verwenden, dabei geht das zitronige Aroma in das Fleisch über.

HAUPTSPEISEN

1

2

3

4

5

6

4 *Personen* | **1 STD 40 MIN** *Zubereitung* | *Salz, Pfeffer*

GUINNESS®-
Gulasch

400 g *rote Zwiebeln*
50 g *Butterschmalz*
500 g *Rindergulasch*
1 *Bouquet garni*
300 ml *Rinderfond*
400 ml *Guinness®*

Die **ROTEN ZWIEBELN** schälen und grob hacken.

Die Hälfte **BUTTERSCHMALZ** in einem Topf erhitzen und das **GULASCH** rundum scharf anbraten. Dann auf einen Teller geben.

Restliches **BUTTERSCHMALZ** in den Topf geben und darin die **ZWIEBELN** etwa 10 Minuten dünsten. Zwischendurch mit einigen EL Wasser beträufeln, damit die **ZWIEBELN** Flüssigkeit haben.

Das **GULASCH** mit dem entstandenen Bratensaft zu den **ZWIEBELN** geben. Das **BOUQUET GARNI** zufügen und mit **RINDERFOND** sowie **GUINNESS®** auffüllen. Bei mittlerer Hitze 80 bis 90 Minuten schmoren, je nach Fleischqualität. Mit Salz und Pfeffer abschmecken und servieren.

1

2

3

4

5

4 *Personen* | **10 MIN** *Zubereitung* **1 STD** *Backen*

LEBERKÄS „Café de Paris"

250 g *Crushed Ice*
250 g *Rinderhack*
750 g *Schweinehack*
2 TL *Gewürzmischung „Café de Paris"*
20 g *Pökelsalz*

Den Backofen auf 160 °C Ober-/Unterhitze vorheizen.

Das **CRUSHED ICE** in der Küchenmaschine zu Eisschnee verarbeiten.

RINDERHACK, SCHWEINEHACK, GEWÜRZMISCHUNG und **PÖKELSALZ** in die Küchenmaschine geben und alles sehr fein kuttern.

Die Masse in eine rechteckige Kuchenform geben und 1 Stunde backen, am Ende der Backzeit unter dem Grill bräunen lassen. Der Leberkäs schmeckt auch kalt als Aufschnitt.

1

2

3

4

5

6

1 *Pizza (ø 24 cm)*	**10 MIN** *Zubereitung* **15 MIN** *Backzeit*	*Salz, Pfeffer*

PIZZA
mit Prosciutto und Rucola

1 *Pizzateig (Fertigprodukt)*
100 ml *Tomatensoße (nach Belieben; Fertigprodukt)*
2 EL *Olivenöl*
200 g *Mozzarella*
100 g *Prosciutto in dünnen Scheiben*
½ Bund *Rucola*

Den Ofen auf 250 °C vorheizen. Ein Backblech mit Backpapier auslegen. Den **TEIG** zu einer Pizza von etwa 24 cm Durchmesser ausrollen und auf das Backblech legen. Den Teigrand etwa 2 cm einrollen, damit der Belag nicht auf das Blech läuft. Den Teig mit einer Gabel gleichmäßig einstechen.

Nach Belieben die **TOMATENSOSSE** darauf verteilen, mit Salz und Pfeffer würzen und mit **ÖL** beträufeln. Den **MOZZARELLA** abtropfen lassen und in Scheiben schneiden. Den **PROSCIUTTO** zerpflücken. Die Pizza mit **MOZZARELLA** belegen, den **PROSCIUTTO** daraufgeben und pfeffern. Die Pizza im Ofen in 15 Minuten goldbraun backen, bis der **KÄSE** zerlaufen ist.

Inzwischen den **RUCOLA** waschen, trocken schütteln und grob zerpflücken. Die Pizza herausnehmen und den **RUCOLA** darüberstreuen.

1

2

3

4

5

6

4 *Personen* | **20 MIN** *Zubereitung* | *Salz, Pfeffer*

GEDÄMPFTER FISCH
mit Zitronenbutter

2 *Bio-Zitronen*

60 g *weiche Butter*

1 *Knoblauchzehe, gepresst*

600 g *weiße Fischfilets (z. B. Seelachs oder Kabeljau)*

1 *Tomate*

5 Stängel *Petersilie, grob gehackt*

Schale von 1 **ZITRONE** abreiben, ½ **ZITRONE** auspressen. Saft, 1 TL Zitronenschale, **BUTTER** und **KNOBLAUCH** gut miteinander verrühren.

Die **FISCHFILETS** mit Salz und Pfeffer würzen, auf einer Seite mit der Zitronenbutter bestreichen und locker in Klarsichtfolie wickeln. In einem entsprechenden Topf Wasser aufkochen. Die **FISCHFILETS** in den dazugehörigen Dämpfeinsatz legen und in 6–8 Minuten bei starker Hitze dämpfen. Die **TOMATE** in dicke Scheiben schneiden und in den letzten Garminuten mitdämpfen.

Die restliche **ZITRONE** in Scheiben schneiden. Den **FISCH** mit **TOMATE** und **ZITRONE** anrichten und mit **PETERSILIE** bestreuen.

TIPP

Nach Belieben mit Koriandergrün oder Petersilie garnieren.

1

2

3

4

5

4 *Personen* | **30 MIN** *Zubereitung* | *Salz, Pfeffer, Pflanzenöl*

Gelbes FISCHCURRY

2 *große Frühlingszwiebeln*

2 EL *gelbe Currypaste*

1 l *Gemüsebrühe*

200 ml *Kokosmilch*

700 g *weißes Fischfilet (z. B. Seelachs oder Kabeljau)*

Die **FRÜHLINGSZWIEBELN** waschen und schräg in Stücke schneiden. 2 EL Pflanzenöl in einem Topf oder Wok erhitzen und darin die **FRÜHLINGSZWIEBELN** kurz anschwitzen.

Die **CURRYPASTE** einrühren, 1 Minute rühren und mit **GEMÜSEBRÜHE** und **KOKOSMILCH** aufgießen. Einige Minuten leise köcheln lassen.

Das **FISCHFILET** waschen, in mundgerechte Stücke schneiden und mit Salz und Pfeffer würzen. Zum Garen einige Minuten in den Currysud legen.

Den Fisch in tiefen Tellern anrichten und mit dem Currysud aufgießen.

1 

2 

3 

4 

5 

6 

4 *Personen* | **30 MIN** *Zubereitung* **1 STD** *Ruhen* | *Salz, Pfeffer*

FUSILLI
mit selbst gemachtem Zitronen-Ricotta

1 ½ *Bio-Zitronen*

1 l *Milch*

200 g *Sahne*

400 g *Fusilli*

2 EL *Parmesan, gehobelt*

½ Bund *Rucola*

Von den **ZITRONEN** die Schale abreiben und den Saft auspressen. **MILCH, SAHNE,** 1 Prise Salz und Zitronensaft in einem Topf verrühren und unter ständigem Rühren 3–5 Minuten bei maximal 90 °C ausflocken bzw. gerinnen lassen.

Dann ohne Hitze 15 Minuten stehen lassen und anschließend in ein mit einem Tuch ausgelegtes Haarsieb geben und 1 Stunde abtropfen lassen.

Die **NUDELN** bissfest garen, noch heiß mit **RICOTTA,** Zitronenschale, **RUCOLA** und **PARMESAN** vermischen. Mit Salz und Pfeffer würzen.

1

2

3

4

5

6

4 *Personen* | **30 MIN** *Zubereitung* **30 MIN** *Ruhen* | *Salz, Pfeffer*

TAGLIATELLE
mit Salsiccia-Tomaten-Soße

300 g *Weizenmehl*
3 *Eier*
400 g *Salsiccia*
1 Dose *Tomaten (400 g, stückig)*
1 kleines Bund *Rucola*
nach Belieben *Parmesan, gerieben*

Aus **MEHL, EIERN,** 2 EL Wasser und 1 TL Salz mit den Händen oder in der Küchenmaschine einen geschmeidigen Teig kneten. In Klarsichtfolie wickeln und etwa 30 Minuten ruhen lassen.

Den Teig dünn ausrollen, mit der Nudelmaschine zu Tagliatelle formen oder von Hand in 4 mm breite Streifen schneiden.

Das Wurstbrät aus der **SALSICCIA** drücken und in der Pfanne scharf anbraten. **TOMATEN** zugeben, 6–8 Minuten einkochen lassen und mit Salz und Pfeffer abschmecken.

Die Tagliatelle in siedendem Wasser 4–5 Minuten garen, kurz abtropfen lassen und in die Soße geben.

Auf vier Tellern anrichten, nach Belieben mit klein geschnittenem **RUCOLA** und **PARMESAN** bestreuen und servieren.

1

2

3

4

5

6

4 *Personen* | **25 MIN** *Zubereitung* **20 MIN** *Backen* | *Salz, Pfeffer, Olivenöl*

NUDELAUFLAUF
mit Fenchel & Lachs

400 g *kurze Nudeln*
1 *Fenchelknolle*
300 g *Lachs*
120 g *Mini-Mozzarella-Kugeln*
200 g *Sahne*
2 *Eier*

Die **NUDELN** in einen Topf geben und in Salzwasser laut Packungsangabe garen.

Inzwischen den Backofen auf 220 °C Ober-/Unterhitze vorheizen.

Den **FENCHEL** vierteln, vom Strunk befreien und in dünne Scheiben schneiden. Fenchelgrün beiseitelegen.

Den **LACHS** in Würfel schneiden. In einer Pfanne 2 EL Olivenöl erhitzen und darin die Fenchelscheiben einige Minuten andünsten. Die Lachswürfel für 2 Minuten mitbraten und alles mit Salz und Pfeffer würzen.

Die **NUDELN** ausdampfen lassen, dann in eine gefettete Tarteform geben. **FENCHEL, LACHS** und **MOZZARELLA** locker unterheben.

SAHNE und **EIER** mit Salz und Pfeffer verquirlen und über die Zutaten in der Tarteform gießen.

Im Ofen 15–20 Minuten backen. Zum Servieren mit gehacktem Fenchelgrün bestreuen.

1

2

3

4

5

6

4 *Personen* | **25 MIN** *Zubereitung* | *Salz*

ANTIPASTI-PASTA

1 *gelbe Paprika*
1 *Aubergine*
130 ml *Olivenöl*
50 g *Pinienkerne*
75 g *Parmesan, gerieben*
320 g *Nudeln*

Die **PAPRIKA** waschen und entkernen. **PAPRIKA** und **AUBERGINE** in kleine Würfel schneiden. In einer Pfanne 2 EL **OLIVENÖL** erhitzen und das Gemüse darin anbraten.

Die **PINIENKERNE** in einer zweiten Pfanne ohne Fett anrösten. Je 1 EL Gemüse, **PINIENKERNE** und **PARMESAN** beiseitestellen.

Restliches Gemüse, **PINIENKERNE** und **PARMESAN** mit dem Olivenöl vermischen und mit dem Stabmixer oder in der Küchenmaschine fein pürieren.

Die **NUDELN** laut Packungsangabe in Salzwasser bissfest garen. **NUDELN** abgießen und die Soße unter die **NUDELN** mischen, evtl. ein paar Löffel Nudelwasser hinzufügen.

Die **NUDELN** anrichten und mit Gemüse, **PARMESAN** und **PINIENKERNEN** garnieren.

1 

2 

3 

4 

5 

6 

4 *Personen* | **1 STD 30 MIN** *Zubereitung* **8 STD** *Einweichen* | *Salz, Pfeffer, Pflanzenöl*

BAKED BEANS

500 g *Cannellini-Bohnen*

1 *Zwiebel*

1 l *passierte Tomaten*

2 *Lorbeerblätter*

250 ml *Apfelsaft*

250 g *durchwachsener Speck*

Die **BOHNEN** über Nacht einweichen, anschließend nach Packungsangabe garen.

In der Zwischenzeit die **ZWIEBEL** schälen, fein würfeln und in einem Topf in 1 EL Pflanzenöl andünsten.

TOMATEN, 1 TL Salz, **LORBEERBLÄTTER** sowie den **APFELSAFT** hinzufügen. Die Soße bei mittlerer Hitze etwa 20 Minuten schmoren und einkochen lassen. Mit Salz und Pfeffer würzen.

Den **SPECK** in kleine Stücke schneiden und in einer Pfanne auslassen und kross braten.

SPECK und **BOHNEN** zur Soße geben, alles nochmals 2 Minuten köcheln lassen und servieren.

1

2

3

4

5

6

4 *Personen* | **50 MIN** *Zubereitung* | *Salz, Pfeffer, Pflanzenöl*

Brezel- SERVIETTENKNÖDEL

4 *Brezeln (vom Vortag)*
200 ml *Milch*
1 *Zwiebel*
50 g *Räucherspeck, gewürfelt*
2 *Eier*
1 Bund *Schnittlauch*

Die **BREZELN** in Stücke brechen und in eine Schüssel geben. Mit erwärmter **MILCH** begießen.

Die **ZWIEBEL** schälen und fein würfeln. Zusammen mit den **SPECKWÜRFELN** in 1 EL Pflanzenöl glasig dünsten und den Pfanneninhalt zu den **BREZELN** geben.

Mit Salz (vorsichtig) und Pfeffer würzen, die **EIER** dazuschlagen und alles zu einem Teig kneten. 5 Minuten ruhen lassen.

Aus dem Teig mit befeuchteten Händen 2 Rollen formen und fest in Frischhaltefolie einwickeln. Vorsichtig in siedendes Salzwasser legen und die Brezel-Serviettenknödel in etwa 20 Minuten gar ziehen lassen.

Die Folien entfernen, die Rollen in Scheiben schneiden. Die Serviettenknödel mit **SCHNITTLAUCH** servieren.

1

2

3

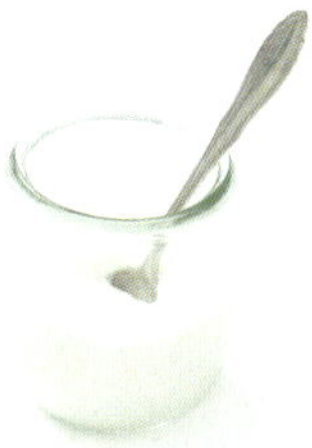

4

5

6

4 *Personen* | **50 MIN** *Zubereitung* | *Salz, Pfeffer, Pflanzenöl*

KARTOFFELN
mit Sour Cream & Bacon

4 *große Kartoffeln*
2 *Schalotten*
200 g *saure Sahne*
200 g *Frischkäse*
1 Bund *Petersilie, gehackt*
100 g *Bacon*

Den Backofen auf 200 °C Ober-/Unterhitze vorheizen.

Die **KARTOFFELN** in Alufolie wickeln und im Ofen etwa 40 Minuten garen.

In der Zwischenzeit die **SCHALOTTEN** schälen und fein würfeln. In 1 EL Öl kurz andünsten und dann mit **SAURER SAHNE, FRISCHKÄSE** und **PETERSILIE** gut verrühren. Mit Salz und Pfeffer würzen.

Den **BACON** in einer Pfanne bei starker Hitze knusprig und kross braten.

Die **KARTOFFELN** mit der Sour Cream und dem **BACON** servieren.

1

2

3

4

5

6

4 *Personen* | **40 MIN** *Zubereitung* **1 STD** *Ziehen* | *Salz, Pfeffer*

PELLKARTOFFELSALAT
mit Nussbutter

1 kg *festkochende Kartoffeln*
40 g *Butter*
400 ml *Hühnerbrühe*
1 EL *Dijon-Senf*
4 EL *Obstessig*
1 *Frühlingszwiebel*

Die **KARTOFFELN** als Pellkartoffeln in Salzwasser, je nach Größe, etwa 25 Minuten garen. Abgießen, ausdampfen lassen, schälen und in Scheibchen schneiden. Die **BUTTER** in einer Pfanne bräunen.

100 g Kartoffelscheiben mit **HÜHNERBRÜHE,** gebräunter **BUTTER, DIJON-SENF** und **OBSTESSIG** aufmixen und pürieren. Mit Salz und Pfeffer würzen.

Die **FRÜHLINGSZWIEBEL** in dünne Ringe schneiden. **KARTOFFELN** in eine Schüssel geben, das Dressing sowie die Frühlingszwiebelringe darübergeben und alles sorgfältig vermengen.

Nochmals mit Salz und Pfeffer abschmecken und 1 Stunde ziehen lassen.

4 *Personen* | **20 MIN** *Zubereitung* **30 MIN** *Kühlen & Ruhen* | *Salz, Pfeffer*

Italienischer NUDELSALAT

300 g *kurze Nudeln*
3 EL *Pinienkerne*
1 *Zitrone*
10 *getrocknete Tomaten (in Öl eingelegt)*
1 kleines Bund *Basilikum*
50 g *Parmesan*

1 

Die **NUDELN** bissfest garen, dann beiseitestellen und abkühlen lassen.

2 

3 

Die **PINIENKERNE** in einer Pfanne ohne Fett anrösten. Die **ZITRONE** auspressen.

4 

5 **GETROCKNETE TOMATEN** mit etwas Öl aus dem Glas, **ZITRONENSAFT,** 1 Handvoll **BASILIKUMBLÄTTER** und 1 EL **PINIENKERNE** in der Küchenmaschine oder mit dem Stabmixer pürieren. Den **PARMESAN** fein reiben.

5 

Das Tomatendressing mit den **NUDELN** vermischen. **BASILIKUM** und die restlichen 5 **TOMATEN** hacken und mit **PARMESAN** unter die **NUDELN** mischen. Mit Salz und Pfeffer abschmecken.

6 

Mindestens 30 Minuten ziehen lassen. Mit 2 EL **PINIENKERNEN** bestreut servieren.

TIPP

Grünes Gemüse wie Rosenkohl, Bohnen oder Erbsen wird nach dem Blanchieren zur Erhaltung der grünen Farbe mit kaltem Wasser abgeschreckt.

1

2

3

4

5

2 *Personen* | **40 MIN** *Zubereitung* | *Pflanzenöl, Salz, Pfeffer, rosenscharfes Paprikapulver, Muskatnuss*

ROSENKOHLAUFLAUF

500 g *Rosenkohl*
100 g *Kochschinken*
2 *Eier*
150 g *Schmand*
50 g *Käse (z. B. Gouda), frisch gerieben*

Den Backofen auf 200 °C (Ober-/Unterhitze) vorheizen. Eine Auflaufform mit 1 EL Pflanzenöl auspinseln. Den **ROSENKOHL** putzen und die Strünke kreuzweise einschneiden. In kochendem Salzwasser 3–4 Minuten blanchieren. Abgießen, kalt abschrecken und abtropfen lassen.

Den **SCHINKEN** in feine Streifen schneiden. Die **EIER** verquirlen, **SCHMAND** und **KÄSE** unterrühren. Den **ROSENKOHL** je nach Größe halbieren oder vierteln, mit dem **SCHINKEN** in die Form geben. Mit Salz, Pfeffer, Paprikapulver und 1 Prise Muskat würzen und mit der Eiermischung löffelweise überziehen. Im Backofen (mittlere Schiene) etwa 20 Minuten gratinieren.

TIPP

Dazu passen knusprige Bratkartoffelwürfel mit Rosmarin.

2 *Personen* | **30 MIN** *Zubereitung* | *Olivenöl, Salz, Pfeffer, Oregano, Rosmarin, Pflanzenöl*

LAMMLACHSE
mit Zaziki

1

2

3

4

1 *kleine Salatgurke*
200 g *griechischer Joghurt*
3 *Knoblauchzehen*
2 *Lammlachse (ca. 300 g)*

Die **SALATGURKE** schälen, längs halbieren, entkernen und auf einem Gemüsehobel grob raspeln. Die Gurkenraspel fest ausdrücken und mit dem **JOGHURT** verrühren. Den **KNOBLAUCH** schälen und durch eine Presse dazudrücken. 2 EL Olivenöl unterrühren. Zaziki mit Salz, Pfeffer und getrocknetem Oregano würzen.

Die **LAMMLACHSE** mit Salz, Pfeffer und etwas getrocknetem Rosmarin würzen. 2 EL Pflanzenöl in einer Pfanne erhitzen, das Fleisch darin auf allen Seiten in 2–3 Minuten kräftig braten. Herausnehmen, kurz ruhen lassen und schräg in dünne Scheiben schneiden. Mit Zaziki servieren.

TIPP

Die Schnitzel sollten sehr dünn sein, daher evtl. noch einmal plattieren.

1

2

3

4

2 *Personen* | **20 MIN** *Zubereitung* | *Salz, Pfeffer, Olivenöl, Holzspießchen*

SALTIMBOCCA

2 *dünne Kalbsschnitzel*

2 Scheiben *Parmaschinken*

4 *Salbeiblätter*

1 EL *Butter*

Die **KALBSSCHNITZEL** mit Salz und Pfeffer würzen. Jeweils mit 1 Scheibe **PARMASCHINKEN** und 2 **SALBEIBLÄTTERN** belegen. **SCHINKEN** und **SALBEI** mit Holzspießchen fixieren.

2 EL Olivenöl in einer Pfanne erhitzen, die **KALBSSCHNITZEL** darin anbraten. Die **BUTTER** hinzufügen und die **SCHNITZEL** in 6–8 Minuten fertig braten.

DESSERTS

1 

2 

3 

4 

5

6 

4 *Personen* | **40 MIN** *Zubereitung* | *Salz*

GEBRÄUNTE SCHUPFNUDELN

mit süßen Birnen

500 g *Kartoffeln*

4 *feste Birnen*

4 EL *Puderzucker*

2 *Eigelb*

6 EL *Weizengrieß*

80 g *Butter*

Die **KARTOFFELN** in Salzwasser garen, dann ausdampfen lassen, pellen und auf einer Küchenreibe reiben.

Inzwischen die **BIRNEN** entkernen, in Spalten schneiden und in siedendem Wasser einige Minuten ziehen lassen. Abgießen, in einer Schüssel mit 2 EL **PUDERZUCKER** vermischen und ziehen lassen.

Die **KARTOFFELN** mit **EIGELB, GRIESS** und 2 Prisen Salz vermischen. Falls der Teig zu feucht ist, noch etwas **GRIESS** hinzufügen.

2 l Salzwasser zum Sieden bringen. Mit zwei angefeuchteten Esslöffeln kleine Nocken vom Teig abstechen, formen und im Wasser etwa 3 Minuten gar ziehen lassen. Die Schupfnudeln kurz in kaltem Wasser abschrecken.

Die **BUTTER** in einer Pfanne zerlassen und die Schupfnudeln darin bräunen. Nach Belieben mit **PUDERZUCKER** bestäuben und mit Birnenstückchen servieren.

1

2

3

4

5

6

4 *Personen* | **15 MIN** *Zubereitung* **2 STD** *Gefrieren* | *Salz*

ZIMTPARFAIT
mit gebrannten Mandeln

60 g *gebrannte Mandeln*
2 *Eier*
80 g *Zucker*
200 g *Sahne*
1 TL *Zimt*
1 Msp. *gemahlene Vanille*

Die **MANDELN** grob hacken.

Die **EIER** trennen. Die Eiweiße mit 1 Prise Salz und 1 TL **ZUCKER** steif schlagen. Die Eigelbe mit restlichem **ZUCKER** cremig rühren.

Die **SAHNE** mit **ZIMT** und **VANILLE** steif schlagen. Diese unter die Eigelbmasse rühren, dann den Eischnee und zuletzt die **MANDELN** (einige zurückbehalten) unterrühren.

Die Masse in eine Form füllen. Mit den restlichen **MANDELN** garnieren und 2 Stunden im Gefrierschrank fest werden lassen.

1

2

3

3 *Flaschen à 500 ml* | **20 MIN** *Zubereitung*

RHABARBER-*sirup*

750 g *Rhabarber*
5 *Zitronen*
1 1/8 kg *Zucker*

RHABARBER waschen und in Stücke schneiden. Mit 750 ml Wasser in einen Topf füllen und aufkochen lassen. Dann bei mittlerer Hitze etwa 20 Minuten ziehen lassen.

Ein Sieb mit einem Passiertuch auslegen und die Rhabarberflüssigkeit passieren.

ZITRONEN auspressen. Den **ZITRONENSAFT** und **ZUCKER** mit der Rhabarberflüssigkeit in einem Topf vermischen und unter Rühren aufkochen lassen.

In sterile Flaschen abfüllen und die Flaschen sofort verschließen. Vor dem Genießen mit Sekt oder Mineralwasser im Verhältnis 1:5 mischen.

1

2

3

4

5

6

4 *Personen* | **10 MIN** *Zubereitung*

MELONEN-
Granita

1 *Galia-Melone*
2 *Bio-Limetten*
4 EL *Puderzucker*
700 g *Crushed Ice*
400 ml *Sekt*
einige Blättchen *Minze*

Die **MELONE** halbieren und die Kerne entfernen, Fruchtfleisch auslösen. Von den **LIMETTEN** die Schale fein abreiben und den Saft auspressen.

600 g **MELONE** in den Standmixer geben, Saft und Schale der **LIMETTEN** sowie den **PUDERZUCKER** hinzufügen und pürieren.

Das **CRUSHED ICE** auf Gläser verteilen. **SEKT** mit dem Melonenpüree vorsichtig vermischen und auf die Gläser verteilen. Mit frischer **MINZE** garnieren und servieren.

1

2

3

4

5

6

4 *Personen* | **30 MIN** *Zubereitung*

KAISERSCHMARREN
mit Puderzucker

3 *Eier*
150 g *Mehl*
200 ml *Milch*
3 EL *flüssige Butter*
2 EL *Mandelblättchen*
1 EL *Puderzucker*

Die **EIER** trennen, die Eiweiße steif schlagen. Die Eigelbe mit **MEHL, MILCH** und 1 EL flüssiger **BUTTER** glatt rühren. Anschließend den Eischnee unter den Teig heben.

1 EL **BUTTER** in einer beschichteten Pfanne erhitzen, 1 EL **MANDELBLÄTTCHEN** und die Hälfte des Teigs einfüllen und backen. Den Teig in Stücke reißen und leicht bräunen lassen. Mit dem übrigen Teig genauso verfahren. Anrichten und mit **PUDERZUCKER** bestäuben.

1

2

3

4

5

6

8 *Personen* | **5 MIN** *Zubereitung* **15 MIN** *Ruhen* **15 MIN** *Backen* | *Backpulver*

HAFERFLOCKEN
Crunch

100 g *kalte Butter*
150 g *Mehl*
80 g *zarte Haferflocken*
80 g *Zucker*
1 EL *Rum*
500 ml *Kompott nach Wahl (z. B. Apfelkompott)*

Den Ofen auf 190 °C vorheizen. Ein Backblech mit Backpapier auslegen. Die **BUTTER** in Stückchen schneiden. Die Butterstückchen mit **MEHL, HAFERFLOCKEN, ZUCKER, RUM** und 1 Messerspitze Backpulver in der Küchenmaschine zu Krümeln verarbeiten. Den Teig 15 Minuten kühl stellen.

Den Streuselteig auf dem Backblech verteilen und in 15 Minuten goldbraun backen, dabei zwischendurch mehrmals durchrühren. Haferflocken-Crunch zum **KOMPOTT** servieren.

VARIANTE

Haferflocken-Crunch schmeckt auch auf Joghurt, in Buttermilch und zerdrückt als Topping zu Eiscreme nach Wahl.

TIPP

Wenn Sie kein Chutney zur Hand haben, nehmen Sie 2 EL flüssigen Honig.

1

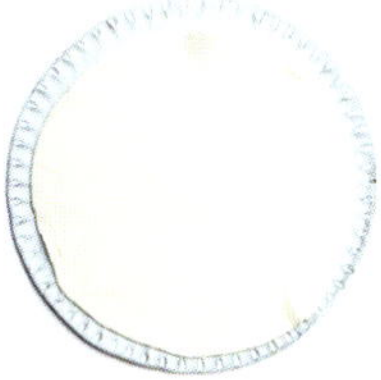

2

3

4

5

4 *Personen* | **10 MIN** *Zubereitung* **25 MIN** *Backen*

GEBACKENER BRIE
mit Apfel

1 *große runde Blätterteigscheibe (Kühlregal)*

2 *Eigelb*

250 g *Brie*

1 *Apfel*

1 EL *Chutney nach Wahl*

Den Ofen auf 200 °C vorheizen. Ein Backblech mit Backpapier auslegen. Die **BLÄTTERTEIGSCHEIBE** auf das Backblech legen. Die **EIGELBE** verquirlen. Den **BRIE** in die Mitte der Teigplatte legen und den Teigrand mit **EIGELB** bestreichen.

Den **APFEL** schälen, vierteln, entkernen und in dünne Scheiben schneiden. Die Apfelscheiben über den **BRIE** legen und das **CHUTNEY** darauf verteilen. Den **TEIG** darüberlegen und fest zusammendrücken.

Den **BLÄTTERTEIG** mit dem restlichen **EIGELB** bestreichen und im Ofen in 25 Minuten knusprig backen. Den gebackenen **BRIE** warm servieren.

TIPP

Mit Puderzucker oder Kakaopulver bestreuen und sofort servieren.

1

2

3

4

5

4 *Stück* | **10 MIN** *Zubereitung* **12 MIN** *Backen* | *Butter für die Förmchen*

SCHOKOLADEN-*fondant*

100 g *Zartbitterschokolade (mind. 70 % Kakaogehalt)*
50 g *Butter*
2 *Eier*
50 g *Zucker*
50 g *Mehl*

Den Ofen auf 180 °C vorheizen. Die Förmchen mit Butter einfetten. Die **SCHOKOLADE** und die **BUTTER** in Stückchen in eine Schüssel geben und über einem heißen Wasserbad zerlassen. Dann beiseitestellen und etwas abkühlen lassen.

Die **EIER** und den **ZUCKER** mit dem Handrührgerät schaumig schlagen. Das **MEHL** dazusieben. Den Schokoladen-Butter-Mix portionsweise einrühren.

Den Teig in die Auflaufförmchen füllen und im Ofen 12 Minuten backen. Herausnehmen und den Fondant mit einem Messer vorsichtig aus den Formen lösen und auf Dessertteller stürzen.

TIPP

Dazu passt ein selbst gemachtes Rhabarberkompott.

1

2

3

4

5

6

4 *Personen* | **20 MIN** *Zubereitung* **4 STD** *Kühlen*

Klassische BAYERISCHE CREME

4 Blatt *weiße Gelatine*

200 g *Sahne*

½ *Vanilleschote*

250 ml *Milch*

3 *Eigelb*

3 EL *Zucker*

Die **GELATINE** in kaltem Wasser einweichen. Die **SAHNE** steif schlagen und kühl stellen. Die **VANILLESCHOTE** längs aufschneiden und das Mark herauskratzen. Die **MILCH** mit Vanillemark aufkochen und beiseitestellen.

Die **EIGELBE** mit **ZUCKER** über einem heißen Wasserbad verrühren. Die **MILCH** langsam unterrühren, bis die Masse dicklich wird. Die **GELATINE** ausdrücken, in der Creme auflösen. Die Creme kalt rühren und die **SAHNE** unterheben.

Die Creme in kalt ausgespülten Schälchen 4 Stunden kühl stellen. Zum Servieren stürzen.

1

2

3

4

5

4 *Personen* | **25 MIN** *Zubereitung*

GEDÄMPFTE BIRNEN
mit Salzkaramell

250 g *Zucker*
200 g *Sahne*
170 g *Butter*
4 *Birnen*
etwas *Fleur de Sel zum Bestreuen*

Für den Salzkaramell den **ZUCKER** in einem Topf oder einer Pfanne unter Rühren bei niedriger Hitze karamellisieren, bis der **ZUCKER** vollständig geschmolzen und goldbraun ist.

Den Topf vom Herd nehmen und **SAHNE** und 150 g **BUTTER** einrühren, bis die Soße merklich eindickt. Kalt stellen.

Inzwischen die **BIRNEN** schälen, halbieren, entkernen und bedeckt in Wasser 8–10 Minuten bei mittlerer Hitze garen.

20 g **BUTTER** in einem Topf schmelzen lassen. Die Birnenhälften abtropfen lassen, mit **BUTTER** glasieren, mit Karamellsoße übergießen und mit etwas **FLEUR DE SEL** bestreuen.

1

2

3

4

5

6

4 *Personen* | **40 MIN** *Zubereitung*

SÄCHSISCHE
Quarkkeulchen

300 g *mehligkochende Kartoffeln*
2 *Eier*
150 g *Magerquark*
60 g *Maismehl*
100 g *Puderzucker*
etwas *Butterschmalz zum Braten*

KARTOFFELN weich kochen, pellen und durch die Kartoffelpresse drücken.

EIER trennen, Eiweiß steif schlagen.

Die **KARTOFFELN** mit Eigelb, **QUARK, MAISMEHL** und 80 g **PUDERZUCKER** vermengen. Zuletzt den Eischnee unterziehen.

Das **BUTTERSCHMALZ** in der Pfanne erhitzen und aus dem Teig portionsweise kleine Pfannkuchen goldbraun ausbacken.

Zum Servieren mit **PUDERZUCKER** bestäuben.